中华中医昆仑

王嘉麟学术评传

张镜源◎主编

中国盲文出版社

图书在版编目（CIP）数据

王嘉麟学术评传（大字版）/ 张镜源主编. —北京：中国盲文出版社，2015.12
（中华中医昆仑）
ISBN 978－7－5002－6867－3

Ⅰ.①王… Ⅱ.①张… Ⅲ.①王嘉麟—评传 Ⅳ.①K826.2

中国版本图书馆 CIP 数据核字（2015）第 317049 号

王嘉麟学术评传

主　　编：张镜源
责任编辑：亢　淼
出版发行：中国盲文出版社
社　　址：北京市西城区太平街甲 6 号
邮政编码：100050
印　　刷：北京华联印刷有限公司
经　　销：新华书店
开　　本：700×1000　1/16
字　　数：42 千字
印　　张：6.25
版　　次：2015 年 12 月第 1 版　2015 年 12 月第 1 次印刷
书　　号：ISBN 978－7－5002－6867－3/K・471
定　　价：12.00 元
销售服务热线：（010）83190297　83190289　83190292

丛书编委会

前　言

中医药是中华民族的伟大创造，是世界医学宝库中的夺目瑰宝，数千年来为中华民族的繁衍昌盛作出了巨大的不可磨灭的贡献，至今仍是中国医药卫生事业不可分割的重要组成部分，在维护民族体魄康健、促进经济社会发展中发挥着不可替代的作用。

中医药学，是中华传统文化和科技文明的结晶，是勤劳聪慧的中华儿女在几千年生产生活实践中，在与疾病作斗争的过程中，创造的独具特色的医学科学体系。它有着浓郁的民族特色、深厚的文化底蕴和丰富的哲学内涵。经过一代又一代中医药传人、一辈又一辈名医大家的实践探索、薪火传承、总结完善、创新发展，逐步形成了系统的理论体系、独特的诊疗方法、丰富的医学内容、实用的制药技术。具有疗效确切、用药安全、应诊灵活、普适简廉和预防保健作用显著的巨大优势，在世界医学之林独树一帜，为人类的文明进步与医疗保健事业，已经并正在作出积极的贡献。

为了弘扬中华民族传统文化，彰显中医药学家的丰功伟绩，当代中医药发展研究中心与中国文学艺术界联合会、国家中医药管理局新闻办公室、中华中医药学会、中国中医科学院、北京中医药大学、世界中医药学会联合会等精诚合作，在国家中医药管理局的支持和指导下，为中华近现代百年来贡献卓著、深受敬仰的150位中医药学家，编撰出版了这部大型传记丛书。丛书采用评传体裁，记载他们的生平事迹、医术专长、学术思想、传承教育、医风医德、养生之道和突出贡献，使这些宝贵的医学成就和精神财富发扬光大，千古流芳。

丛书取名《中华中医昆仑》。昆仑山，被尊为“万山之祖”，柱西北而瞰东南，立中国而凭世界，凌驾乾坤，巍然屹立。以其高峻豪迈、绵延起伏的磅礴气势，寓意中华中医药学历史悠久、博大精深和永不衰竭；以其挺拔雄伟、高耸入云的恢弘气魄，彪炳一代中医药学家的丰功伟绩、杰出贡献和不朽勋业。

丛书入选传主，从全国范围推荐遴选，遍及中医药界各个领域。有临床家、理论家、药学家、教育家、医史文献学家；有名师亲授、世医家教、学派传人、院校毕业和自学成才者；有师徒并驾、父子齐名和伉俪联袂者。他们学术造诣深厚、诊疗技术精湛、临床经验丰富、学科地位崇高、科研成果丰硕、医风医德高尚、国内外影响较大，从医学理论到临床实践，为中医药事业的传承和发展作出了突出贡献，是近现代百年来中华中医药界的杰出代表。

丛书的出版，对于弘扬中华文化，振兴中医药事业，造就中医药人才，普及中医药知识，具有重要的现实意义和深远的历史意义。这是一项开创性工作，填补了我国为著名中医药学家大规模撰写传记的空白；也是一项抢救性工作，因入选传主已仙逝过半，许多亲历、亲见、亲闻的史料日见散逸，将之收集整理、编撰成书，功垂后世、利国利民；更是一项承前启后的工作，总结传主经验，传承中医药伟业，继往开来，光耀世界医学之林。这部医文结合，富蕴历史性、学术性、文学性和实用性的鸿篇巨制，对医疗、卫生、科研、教育及全球关注中华中医药文化的各界人士，都有重要的参考和阅读价值。

丛书的编撰出版，是一项巨大的中医药文

化建设工程，在策划、撰写、编辑、出版过程中，自始至终得到了国家有关领导、政府部门及社会各界人士的关心和支持。国家中医药管理局高度重视，并组织专家对全书进行终审；数百名专家、学者亲临指导，参与规划；有关省、市、自治区卫生厅、局、中医局（处）给予大力帮助；传主及其亲属、弟子热情支持、密切配合；撰稿人深情满怀、辛勤笔耕；编审专家尽心竭力、精工细琢；关爱中医药事业的企业家热心公益、慷慨资助；全体工作人员不辞辛劳、无私奉献，这一切使丛书得以顺利出版。对此，我们深表谢意。

由于时间紧迫和资料搜集困难，加之水平有限，难免有疏误之处，敬请广大读者批评指正。

中华中医药学，历史悠久，源远流长，发端于远古，奔向于未来。百年对于历史，不过是短暂的瞬间；百人对于万众，不过是沧海一粟。然本丛书所记载的百年百人，则无疑是波澜壮阔的中医药发展史上辉煌的篇章和光芒闪烁的璀璨星辰。

张镜源

目录

痔瘘之疾，虽臭秽不可瞻视，却是解放劳动力的大事，虽有人不愿干却有人干不来。

——王嘉麟

王嘉麟，字志敏，著名中医临床家，中医外科痔瘘专家，北京中医医院主任医师、肛肠科学术带头人，曾任北京中医学会外科委员和肛肠学会副主任委员。全国老中医药专家学术经验继承工作指导老师。

王嘉麟1925年3月出生于北京。父亲王浦安和二哥王仲权都是擅用中医传统方法治疗痔瘘之疾的开业中医。父亲的诊所开在天津，二哥的诊所开在北京琉璃厂。王嘉麟14岁开始随父兄学医并佐诊，后拜师在名医赵锡武门下，并进入名医陈慎吾私人开办的中医班习医。1951年王嘉麟独立开业行医，承父兄擅长，主治痔瘘疾。同年他参加为期 3 年的北京中医进修学校的学习。1956 年起王嘉麟参加北京中医医院工作，担任中医外科和肛肠科医、教、研工作至今。曾编写了《痔瘘中医治疗经验》、《中西医结合临床外科手册》、《实用中医学》等著作，发表《混合痔剥离结扎 410 例远程疗效观察》、《长效麻醉二号用于肛门手术止痛疗效观察》等学术论文多篇。在中医医院多次组织的、旨在推广中医肛肠特色治疗和培养肛肠专业医师的中西医结合肛肠疗法学习班上，他亲自讲课并带教实习，协助北京鼓楼中医医院、阜外医院、海军医院、中关村医院、海淀区公社医院等兄弟医院成立肛肠科。在北京中医学会主办的“全国肛肠疾病学习班”以及北京中医学会华侨咨询部主办的“海外华侨肛肠疾病学习班”上，他负责讲课并带教实习。鉴于一贯为病人热心服务，精心治疗，特别是坚持用礼貌性、保护性、安慰性话语与病人交流，

1985 年他被评为北京市精神文明建设标兵并获奖。王嘉麟擅长中医外科、肛肠科，对慢性溃疡性结肠炎、直肠脱垂、直肠前突、复杂肛瘘、环状混合痔、便秘、耳前瘘管等疑难病症有丰富的治疗经验。他的治疗有独特疗效，口碑甚好。许多难以启齿的肛肠疾患者都慕名前来就诊。王嘉麟行医不因病小而不为，兢兢业业，把自己积累的丰富治疗经验毫无保留地奉献给广大患者。同行们公认，在肛肠专业的发展中王嘉麟有突出的贡献。

岐黄之术薪火传

上了岁数的人好回忆往事，特别是童年往事。不管童年发生的事是好是坏、是喜是忧，回忆童年就是一乐。讲起儿时上私塾的事，王嘉麟便会陶醉在对往事的回忆中，情不自禁地起身，口中背诵“医之始，本岐黄，灵枢作，素问详，难经出，更洋洋……”他眯着眼摇头晃身，背着《医学三字经》，似乎又置身在80年前的私塾学堂里。

20世纪二三十年代，北京城里的私塾多为启蒙教育课堂，似如今的学前班。那时的家长为让孩子能早识字读书，长大能谋个好生计，宁愿节衣缩食付高额束修送孩子上私塾。私塾里常用的识字课本有《三字经》、《百家姓》、《千字文》等。私塾教学生的学习方法很简单，熟读死记硬背。每日上新课读生书，读到能倒背如流为止。私塾教学虽古板单调，却起了薪火相传中华传统文化的作用。王嘉麟 5 岁被父亲送去读私塾。学堂就是一间屋，里面坐着十几二十个学生，人捧一书，反复大声朗读。王嘉麟的私塾先生对学生的要求倒不死板划一，而是因人而异，课业进度有快有慢，程度有难有易，因此一屋子学生读的书各不相同。

王嘉麟戏称在私塾读书是“念背打”。念，就是念先生规定的课文，各念各的，书声混杂；背，就是念熟后不看书背诵出来；打，就是老师检查学生背课文时，学生要背对先生站着，背错了先生就用手中的教鞭从背后抽打一下，学生就被罚重背一遍。讲到“念背打”，王嘉麟愈是兴致不减，很是得意，“小时候脑子好使，背东西快，我从没挨过私塾先生的打”。

王嘉麟的父亲和私塾先生是好友，考虑到未来行医是不错的谋生出路，特嘱老师除让背常规要背的书外，还要王嘉麟加背《医学三字经》、《药性赋》、《汤头歌诀》等。小时候的王嘉麟和其他孩子一样好动贪玩儿，不喜欢枯燥背书，对学医也毫无兴趣。父亲告诉他，当年父亲学医是迫于生活艰辛，从打杂、学徒，跟着老中医一点一点学成的。以父亲的人生经验，只有学医未来才会有保障。无奈父亲的坚持和私塾先生的严厉，他只好硬着头皮把多加的课文也背得滚瓜烂熟。正是不得已练就的这份“童子功”，日后却派上了大用场。成年后的王嘉麟，得益于这份“童子功”，无论是佐诊时抄方还是行医时开方，他写起方子既快错误率又低；也是得益于这份“童子功”，当他研读中医传世经典《黄帝内经》、《伤寒论》和《金匮要略》时才不觉艰涩难懂。

上了岁数再回忆那段童年往事，王嘉麟对

父亲和私塾先生，则存着一份感恩之心，庆幸当年他们没有由着他的性子放任他，虽是有些强迫但终生受益，使他有机会在私塾获得中华传统文化的熏陶又收获岐黄之术的启蒙。

王嘉麟8岁时就读北京的鲍家街小学，14岁时就读北京的孔教中学。中学寒暑假时就到父亲王甫安在天津开的诊所习医佐诊。17岁中学毕业，父亲病故。他转到二哥王仲权在北京琉璃厂开的诊所习医佐诊。父兄俩的诊所均以用传统中医方法治疗痔瘘疾为特色，兼治内、外、妇、儿科杂症。因痔瘘疾治愈率高，两诊所在津京两地颇有名气。初到父兄诊所，王嘉麟先要从做杂事开始。打扫卫生、推药碾子、抄方抓药等等，样样杂事他都做得仔细。父兄见他做事认真细致，才逐渐让他从做杂事升级为学做一些简单的痔瘘治疗术，如肛痈的切开引流术等。“给人家看好了病，人家愁着来，完了乐着走了，我就特高兴。”这是王嘉麟在习医佐诊时的感受。他亲身体会到帮患者解除病痛后，油然而生的那种欣慰和成就感。

民国时期，北京和天津的中医医院没有西医医院多，而中医大夫比西医大夫多。大部分中医大夫是私人开业，各个小诊所分布于大街小巷。当时的社会没有医疗保障，一般市民生活不富裕，特别是身处下层的老百姓，有病总是拖着不治，实在扛不住了，才图方便和便宜就近找个中医看。那时的医患大多都是街里街坊的，患者上门看病，医者服务周到，侍候患者如家人。给年少的王嘉麟留下深刻印象的是，父兄视病人为衣食父母，对病人的态度和蔼可亲，用语总是透着亲切的关怀和体贴。有时遇到贫寒患者，便分文不取。在父兄的诊所里习医佐诊几年下来，耳濡目染，王嘉麟渐渐对中医产生了浓厚的兴趣。

20 世纪 40 年代末，弱冠之年的王嘉麟立志悬壶济世。然而要做一名好中医，不可或缺的入门课便是要精读中医经典医籍，融会贯通，为日后行医打下坚实的理论基础。王嘉麟先是拜京城杏林名家赵锡武为师，开始了正规系统的中医基础理论的入门学习。博古通今、在中医理论上有很深造诣的赵老师诲人不倦，总是深入浅出地给王嘉麟讲解古人医学思想和他对经典医籍的独到见解。除了学习理论，王嘉麟也跟着赵老师习医佐诊进行临床实践。赵老师不仅熟谙医理且精通医术，在他的行医实践中，理论结合临床，积累了丰富的成功治疗经验。师从赵锡武，王嘉麟有了面对面尽得其传的机缘。

为了更深入地学习中医基础理论，王嘉麟同时还进入另一位京城杏林名家陈慎吾亲自开办的中医学习班学习。毕生致力于中医教育事业的陈老师秉持学中医“要先继承好，才能有提高”的主张，在他开办的班里只教授经典传统中医理论。陈老师崇尚中医医圣张仲景学说，认为《伤寒论》确立了辨证论治的法则，是指导临床实践的宝典。他要求学生全文背诵《伤寒论》，自己则率先为之，坚持终生每日无论早晚用 40 分钟把《伤寒论》从头至尾背一遍。如今王嘉麟还有几位曾在陈老师班里一起求学的老同窗，共事在北京中医医院，和王嘉麟一样已然获得全国名老中医称号，成为医院的宝贵财富。

在两位名师的指导下，王嘉麟研读了《黄帝内经》、《伤寒论》、《金匮要略》、《温病条辨》、《神农本草经》等中医经典医籍，理解了中医强调的整体观念和辨病辨证相结合的施治理论，学到了如何遣方用药配伍得当等基础知识。跟着两位名师学医，王嘉麟获得的最大收获是掌握了中医整体观理论，即查病、治病要从整体看问题，看得愈全面、愈具体，获得良好疗效的可能愈大。

学成后王嘉麟选择了用中医传统方法治疗

肛肠疾患为其主治专业。他学以致用，在诊治肛肠疾患时通过望、问、闻、切四诊诊察病情，运用阴、阳、表、里、寒、热、虚、实八纲分析病情。肛肠疾患亦是由于人体正气不足，邪气乘虚而入所致。肛肠病虽发生在身体局部，而且多数病症需要在局部进行治疗，但与全身的整体改变仍有密切关联。在接诊治病过程中，王嘉麟始终坚持因人因病扶正祛邪整体辨证施治。正是这份坚持，使他治病有方，治疗有效，标本同治，取得了治愈患者数以万计的骄人临床疗效。

王嘉麟认为，自己治疗某些肛肠科疾患有特效，要归功于两位名师，是他们传授给他中医学的精髓，指导着他50年来的临床实践。

医为仁道，学医者先学做人，欲治病救人而学医。王嘉麟师从两位名家赵锡武和陈慎吾，学到的不仅是中医的精髓，更学到了如何做好人、做有用的人。他感佩赵老师为人忠厚谦虚，虽为名医生活仍不宽裕，却有不为五斗米折腰的耿直性格，终生为中医事业的发展鞠躬尽瘁。他牢记陈老师教诲的《做人二十字诀》：“忠恕廉明洁，正义信忍公，博孝仁慈觉，节俭真礼和。”他不忘老师的要求，不仅要会背，更要自觉照着去做。几十年来王嘉麟遵循老师的谆谆教诲，坚守不图名不谋利、一心一意做个能帮助患者解除或减轻病痛的好医者的信条。

20世纪50年代，王嘉麟和他的同事们经反复试验，制出全国第一种明矾甘油无毒枯痔剂，他还首创用西医注射法在痔疮上注射枯痔剂。其明矾甘油注射新疗法枯痔剂效果显著。为了使更多的患者能受惠于这一新疗法而摆脱病痛，王嘉麟毫无保留且无偿地把这一创新公开发表与同行分享。

两位名师严谨治学、实事求是不浮夸的精神影响了王嘉麟，他以恩师们为表率，自觉自律坚持能治的病就想尽办法给人治，不能治的病绝不勉强给人家治，绝不向患者夸大疗效。由他首创的枯痔注射术，已在国内外被广泛应用，成为肛肠科普遍应用的一种治疗方法。他客观地作介绍：“枯痔注射术对于内痔便血临床疗效为佳，对内痔脱出的近期疗效可以，对外痔疗效不佳。”针对社会上出现的“枯痔注射法无痛苦、一针去根”夸大疗效的宣传，他明确指出：“枯痔注射术不是万能的，是介于用药保守治疗和手术根治两者之间的一种疗法，较适用于年老体弱、伴有心血管疾病的痔疮患者。”他的坦诚表现出了医者的责任感，体现了患者至上的医风医德。他认真传承发扬了恩师们高尚的医德和良好的职业操守，不愧为两位名师的高徒。

1951 年 26 岁的王嘉麟医术日渐成熟，通过资格考试，拿到开业执照，在和平门附近选了个小门脸，购置了诊桌药柜，取名“光华中医诊所”，开始了他独立挂牌坐堂行医的生涯。

他承父兄之擅长，以用中医传统方法治疗痔瘘之疾为主，兼治内、外、妇、儿等杂症。

20 世纪 50 年代，中华人民共和国成立之初，社会医疗服务体系仍是中医占多数而西医占少数。为了在社会实践的基础上，白手起家建立起医疗保障制度，也为了推动中医的科学发展及中西医结合事业，1951 年卫生部开办了北京中医进修学校。这所进修学校为有临床经验的中医大夫提供学习西医的课程，为西医大夫提供学习中医的课程，学制三年，不收学费。因此王嘉麟积极报名参加了北京中医进修学校第三班的学习。那时只有星期日一天休息，也被安排上课。平日王嘉麟要上午半天接诊看病，下午半天到进修学校上课。年轻好学的王嘉麟，心气高，干劲大，三年里风雨无阻，每天下午都骑自行车去上课。至今王嘉麟对那段学习经历仍记忆犹新，“那时年轻，路上车又少，我骑车骑得快，仅用二十几分钟就从诊所经西单赶到设在缸瓦市的进修学校”。那三年，他边开诊边学习，很忙碌很辛苦，但很值得。因为学校请来了协和医院和北大医院的著名教授专家讲授人体解剖学、病理学、药理学等西医学基础知识。充实了这些知识，无疑如虎添翼，使他日后能得心应手地运用中西医结合治疗术医治肛肠疾患。

为发展中医事业，1956 年北京开办首家中医医院——北京中医医院。医院设在市中心清朝遗留下的大公主府内，并广纳京城有名的私人开业医生为医院大夫。王嘉麟响应号召，投身到北京中医医院，开始了他新的悬壶济世生涯。当时重庆有位著名中医周济民，用中医传统枯痔药治愈了一位患严重痔瘘便血的支援中国建设的前苏联专家，使中医治疗痔瘘有特效的声名鹊起。周济民与重庆痔瘘小组一起被调到中医研究院（现中国中医科学院）。那时因中医研究院正在筹建中，周济民与重庆痔瘘小组便被安排暂驻北京中医医院一年。因缘际会，王嘉麟一到北京中医医院就与来自重庆的同行一起合作接诊治疗肛肠疾患，也有了南北同行直接交流的机会。他与来自重庆的同行结下了深厚友谊，学到了不少好的治疗经验。北京中医医院成立之初便设立了痔瘘科（后改为肛肠科），王嘉麟是创始人之一。时至今日，他本该享悬车之闲，但仍每周两次出诊不辍，并承担全国老中医药专家学术经验继承工作指导老师的重任——传医带徒。

愿医痔瘘疾之人

根据北京中医医院的普查，80％～90％的人在肛门镜下都能查出有痔疾，十人九痔之说不假。而有痔疾的人中，有痔疾症状感觉不适者仅占 20％～30％。终身患痔而无明显症状，又从未做治疗而“善终”者大有人在。为此王嘉麟强调：“痔疾，有症才是病，有了症状的痔疾才有治疗的意义。”

中医视人体为一个完整统一的有机体，人体功能正常又具有维护健康的能力，病邪难于侵入，中医称之为正气足。而一旦正气不足，自身抗病能力下降，用西医说法就是免疫力低下，邪气就会乘虚而入引发疾病。关于扶正祛邪整体治疗，王嘉麟有一恰如其分的比喻："就像一个国家强大了没人敢欺负敢侵略，即便侵略者来了也能把他们赶出去。这就是正气足，邪不可干。"

肛肠疾患亦是由于人体正气不足邪气乘虚而入所致。他通俗的解释是，体内邪气上行，会引起上呼吸道及耳鼻喉等部位出现病症，下行就会引发肛肠出毛病，又因病人个体体质不同，致病的外因不尽相同，邪气下行有人腹泻、有人便秘、有人长痔疮、有人生肛瘘……

任何疾病的发生都是有原因的。王嘉麟一以贯之，认为只有找对病因，才能扶正祛邪，标本兼治，恢复健康。以中医而论，致病因素有三：一是五脏（心、肝、脾、肺、肾）情志（喜、怒、忧、思、恐、悲、惊）所伤的内因，二是六淫邪气（风、寒、暑、湿、燥、火）所感的外因，三是如饮食、外伤、疲劳等引起疾病的不内不外因。患者正气不足，受三种致病因素影响：情志失和引起脏腑功能失调，气候异常变化导致身体不适应，以及饮食不节、过度疲劳、意外伤害等等而诱发疾病。患者疾病临床症状反映在俗称“方寸地带”的肛肠部位，则诱发了肛肠疾病。

爱发脾气，经常郁闷的人，他们的情志变化会伤及肝脾，临床上常见肝气郁滞，或胆热下移，会导致肛肠疾病的发生或发展。最主要、最直接导致肛肠疾病的是饮食消化、吸收、排泄系统中的脏腑（胃、脾、肠）受三因影响而出故障。胃主受纳，脾主运化，肠主传导。过多食油腻生冷食物，脾胃功能受影响，脾胃功能的不足，必然牵连肠功能的不足，临床表现出的症状不是便秘就是腹泻。而长期的便秘、腹泻会引发更严重的痔瘘等肛肠疾患。

患于人体排泄器官的痔瘘之疾，自愈不易，治愈需要时日需要经费。在物质匮乏缺医少药的年代，多数贫困患者有病没钱医，久拖不治，痔瘘之疾越拖越严重。比如患者患处常难免被排泄污物感染，病情加重，流脓出血伴有臭味。有些患者感到难堪，以至羞于启齿未及时就医而延误治疗。有的患者突然晕倒，救治时才发现是痔瘘引起的剧痛或大出血所致。有的患者患处散发出恶臭，甚至招来蝇虫尾随。有的患者严重脱肛不宜外出走动，妨碍了正常的生活和工作。如今物质极大丰富，虽然社会医疗比过去有了保障，但痔瘘等肛肠疾患仍屡见不鲜。

而治疗意义上的痔瘘之疾，因臭秽不可瞻视，个别医者嫌其又脏又臭而鄙夷之，不愿选肛肠科作为自己治病救人的专业。然王嘉麟则表示："痔瘘之疾，虽臭秽不可瞻视，却是解放劳动力的大事，虽有人不愿干却有人干不来。"他愿为医痔瘘疾之人，身体力行不嫌不弃，兢兢业业忙碌在治疗肛肠疾病的工作中。既然选择干这一行，他就要求自己干好，尽最大努力为病人解除病痛。

王嘉麟常常提醒健康人和患者要讲究饮食，食物要洁净、营养丰富，不能吃喝无度；但也要讲究排泄，速战速决，不要久蹲强努。做到这两点讲究就可大大降低肛肠疾病发病率，防病于未然。他还建议人们要学会内调七情于适度，外防六淫于缜密；保持平常心，陶冶性情，均衡饮食，适当运动，充足睡眠，才能健身强体。

从事肛肠专业达50余年，王嘉麟并不形单影只，在他周围凝聚了一批又一批志在肛肠专业发展的年轻人。这些年轻人不怕脏臭不怕累，甘愿留在肛肠专业默默奉献。“善教人者，使人继其志”，是王嘉麟的言传身教影响了他们。中医学生来上他的临床课，他的开场白总是这样几句话：“痔瘘病症情很痛苦，患者以青壮年为多见，经我们治疗，可以使病人健康地返回工作岗位，所以有人说痔瘘科的工作是解放生产力的工作。”几句话描绘出了治疗肛肠疾医者的神圣和大有作为，感受到了医者的“有效医务劳动”——能多治好病人，使之继续健康工作。

王嘉麟还常常给学生讲些真实的故事，比如某国驻华使节，在中国学习了结扎、挂线疗法，回国后改行行医。听了故事，学生们感叹居然有被中医学神奇特色所吸引的外国人，在此同时，他们开始考虑毕业后选择从事肛肠专业。

在王嘉麟的诊桌玻璃板下，常压着一些手抄的从医锦言，如：“痔瘘之症，虽疡医之事，而鄙夷之，然择疾而疗，岂仁者之用心乎?”等等。来跟他实习的中医学生看到无不争相传抄。加之他为人谦恭，以身作则，所以跟他实习的不少学生毕业后选择了到肛肠科工作。王嘉麟教的第一拨徒弟，现也到了退休年龄，其中有些也成了国家级中医学术继承人、肛肠科的专家，退而不休，依然出诊看病。令王嘉麟欣慰的是，医痔瘘疾之人不乏其人，中医肛肠科的未来发展后继有人。

外病内治有妙方

仅在方寸之间的肛肠疾病，带给患者的痛苦不可名状。痔、瘘、肛裂、肛窦炎、肛旁脓肿、肛门皮肤病、直肠脱垂等属外病，中医外病外治、内治兼而有之。擅用中医外治肛肠疾病的王嘉麟，曾遇到一些不易施用外治法治疗的肛肠疾患者。为了减轻这一类患者的病痛，他通过临床实践，整体辨证施治，有针对性地开方服药，使这一类患者不需施行外科手术，仅用内治服药便可获愈。

根据中医“汗、吐、下、和、温、清、补、消”八法，王嘉麟多用“清、下、消、补”四法治疗肛肠疾病。

所谓清法即清热法。是使用寒凉性质的药物以清除热性病症，适用于湿热内蕴引起的肛肠疾病。清热法有清热解毒、清热凉血、清热利湿和清热泻火四种。清热解毒法的代表方剂如仙方活命饮等，用于肛门直肠周围脓肿、肛窦炎、肛乳头炎、内外痔炎性期及术后感染等病症。清热凉血法常用方如地榆槐角丸等，用于内痔出血、直肠息肉便血、肛裂出血、术后伤口大出血等病症。清热利湿法常用方如正八散等，用于肛窦炎、肛乳头炎、炎性外痔、肛瘘感染、肛门湿疹、直肠炎等病症。清热泻火法常用方如黄连解毒汤，用于会加重肛裂、肛窦炎、肛痈复发、盆底痉挛综合征的热结大肠所致大便干燥秘结之症。

所谓下法又称泻下、攻下、通里、通下之法。是使用通便药物以导便消积，宽肠通腑的方法，适用于因大便秘结引起的肛肠疾病。分寒下、温下、润下和攻补兼施四种。寒下，用于大便燥结，伴目赤头痛、胸胁痞满，脉数，舌苔黄腻等属里实热证者，常用方如大承气汤。温下，用于大便秘结不通，伴有腹满而实或腹痛、手足凉，舌苔白腻，脉沉弦而紧，证属寒结里实者，常用方如大黄附子汤。润下，用于术后通便或老年肠燥便秘或习惯性便秘，以及孕妇或产后便秘，证属气阴不足、津液损耗，常用方如麻仁润肠丸。攻补兼施，用于老年体弱、产后体虚或病重在身而大便秘结不通，邪气实而正气虚之证，单用攻下则正气不支，单用补益则邪气壅滞。可视情况使用补气泻下（如黄龙汤）、滋阴泻下（如承气养营汤），或先攻后补，或先补后攻等方法。

所谓消法含有消散和消导两层意义。是指使用消食导滞或破瘀散结的药物，以消除食滞腑气不通、气血水液瘀滞不行的病证，适用于肛肠科各种瘀滞之症。分消食导滞、消水散肿、消瘀活血和消坚溃结四种。消食导滞用于食伤脾胃，运化失职，症见脘腹胀满，嗳腐食臭，腹痛肠鸣，呕吐泄泻，舌苔黄厚腻，脉滑，常用方如保和丸。消水散肿用于痔疮水肿或术后水肿性肉芽组织增生，症见局部肿胀，渗出液多，肉芽虚浮不鲜，伴尿少，舌苔白腻，脉濡，常用方如萆薢渗湿汤。消瘀活血用于内痔嵌顿、外痔静脉曲张、血栓痔形成、直肠肿瘤等血瘀证，症见局部肿物紫暗肿胀、疼痛、便血不鲜，舌质有瘀斑，脉涩，常用方如活血散瘀汤。消坚溃结用于痔、瘘、痈、疡之症，见局部肿硬坚敛不散、腐肉瘀血聚积不化者，尤以使用抗生素不当，正邪交争，炎症胶着不消为多见，常用方如透脓散。

所谓补法是补养人体气、血、阴、阳不足，治疗各种虚证的方法，肛肠科常用补中益气、补血行气、补肾壮阳和养阴润燥四法。补中益气用于小儿、老年人、孕妇及体质虚弱、气虚下陷者，如直肠脱垂、内痔脱出不纳、肛门溢液不收、肛门失禁、出口梗阻性便秘努挣难行或慢性泄泻等，常用方如补中益气丸。补血行气用于血虚之证，如痔疮出血日久，直肠息肉长期失血，直肠肿瘤便血亏耗，术后大出血等，常用方如当归补血汤。补肾壮阳用于肾阳不足之证，症见腰膝冷痛，虚弱无力，大便溏泻或五更泄泻，舌苔淡白，脉沉弱，如慢性非特异性溃疡性结肠炎，常用方如右归饮。养阴润燥用于燥热之邪伤及肠胃津液，症见大便干结，口臭尿赤，舌苔黄燥，脉象实滑，常用方如增液承气汤等。

痔疮肿痛多因便秘，努挣排便，外痔静脉丛血管破裂引起，一般治疗以剥离摘除术为主。1992 年，一位初患痔疮肿痛的耿姓 36 岁女患者，求医询诊找到王嘉麟。她因大便干燥，久蹲强努排便，肛门突发肿物，两日来疼痛加剧，肿物质硬不能还纳。经肛门局部检查，看到肛缘处有蚕豆大小肿物，表皮紫色，触之痛，质略硬，无出血。王嘉麟诊断为血栓性外痔（肠燥络伤型）。耿女士平日身体健康没有其他疾病，但惧怕手术。王嘉麟遂为她行保守治疗，开出口服药方。用防风、秦艽、延胡索疏风活血止痛，用归尾、赤芍、桃仁活血化瘀消肿，用金银花、土茯苓、黄芩清热利湿解毒，用瓜蒌开肺宽肠以通便。耿女士先服了 5 剂药，并遵医嘱每日两次用具有清热解毒、活血止痛作用的外用药外洗热敷患处，肿痛明显减轻，不再便秘。继而再服 5 剂药后，患者肛缘处肿物全消。这证明了外病能内治、外痔早治能早愈的道理。

痔疮便血是内痔的主要症状。内痔出血的特点是便时出血，便后即止。便血原因系排便时粪便擦破隆起的痔核，或强努久蹲血管内压增高迫血妄行所致。内痔出血，血色鲜红，轻者手纸带血，滴血，重者喷血。长期便血的重症患者会出现贫血，甚至导致休克。

针对便血，积多年临床经验，王嘉麟创出专治痔疮便血的方剂“银花连翘汤”。银花连翘汤有清热解毒、止血、润燥、消肿、凉血的功效，用于大肠蕴热而引起的大便秘结、内痔出血，以及热毒结聚肛门而致的红肿疼痛，如内痔嵌顿染毒、外痔感染等症。

银花连翘汤中金银花、连翘、蒲公英清热消肿；椿根皮、槐花炭、地榆炭、仙鹤草清大肠蕴热，凉血止血；当归活血化瘀；瓜蒌润肠通便。此方特别适于年迈体弱、重病在身或惧怕手术治疗的痔疮便血患者服用。

除主要症状便血外，痔疮亦常伴随大肠脱出肛外不能还纳而嵌顿肿痛。为防止或治疗嵌顿痔，依照“诸痛痒疮，皆属于心”之理，王嘉麟于方中加入金银花，取其甘寒入肺胃经，既可清肺胃之热，又可解血中之毒；取连翘苦微寒入心经，长于泻心火而散血结气聚；取蒲公英之苦甘寒入肝脾二经，消肿散结。三药为伍对热毒壅盛之痔疮红肿疼痛有良好效果。

痔疮便血或肿痛的根源在于大便秘结不畅，故纠正便秘最为重要。中医认为，服用泻剂易伤气耗津，常服大黄、牵牛子、番泻叶等刺激性泻药，有越泻越秘之弊，主张“只可滑以利之，润以滋之”。王嘉麟的银花连翘汤遵此宗旨，使用瓜蒌甘寒入肺、大肠经之性味，起润燥滑肠之功效；取当归甘苦温，辛香善走之灵气，起调血润燥、滑肠通便之功。便通则血流顺畅而不妄行。银花连翘汤又以黄芩一线相连，取其“肺与大肠相表里”之旨，上通下达。

病因体异，药随证变。王嘉麟开方时亦因人而异，在方中作辨证加减。大便干燥甚者加大黄、玄明粉；便血严重者加三七粉；便血日久面色苍白者加白芍、阿胶、生熟地黄、生黄芪；便稀者加黄连、茯苓；局部水肿加猪苓、泽泻；疼痛重者加延胡索；发热明显者加生石膏、薄荷；痔核紫暗有血栓者加桃仁、红花。

1991 年，有位满姓女患者找到王嘉麟求治。她 65 岁，患间歇性便血七八年，因近日便血鲜红呈喷射状前来就医。患者长期便秘，有青光眼和心绞痛病史，主动要求吃药保守治疗。经检查，王嘉麟发现患者有多发性混合痔，并有一痔核渗鲜血，确诊为燥热迫血型内痔便血。考虑到患者全身整体状况不佳，出血过多，同时尊重患者意愿，不宜以内痔枯痔注射术治疗。予银花连翘汤 7 剂。服药后，便调血止，病症缓解。

另有一种常见肛肠疾——慢性结肠炎，属中医“泄泻”、“肠澼”、“久痢”范畴，以腹痛、腹泻、黏液便为三大症状。轻者长期腹泻，无腹痛或轻微腹痛，重者长期腹泻腹痛便血。由于大便常规检查虽可见黏液便、红白细胞，但大便细菌培养没有病原菌生长，西医认为，慢性腹泻是一种原因不明的直肠、结肠非特异性炎性病变，认为多数患者是由于机体的免疫功能低下所致。

王嘉麟认为，慢性结肠炎多由急性泄泻治疗不当，余邪未尽，邪留日久，而伤及正气所致。临床常见症状为长期不明原因的腹痛、腹泻、里急后重，伴黏液或脓血便，症状时重时轻，迁延半年、数年甚至十几年。许多患者一方面湿热之邪留滞胃肠之间，另一方面脾胃虚弱运化失常，日久延绵则脾肾阳虚，肾阳不足，命门火衰不能温煦脾胃，以致慢性结肠炎顽固不愈。他认为，脾虚、肾虚、脾肾阳虚为根本原因，在治疗慢性泄泻时多采用扶正益气健脾为主，辅以清热解毒、利湿化滞、理气止泻等祛邪的方法，使脾胃运化功能重建，脾肾之阳渐振，正实邪去，达到固本止泻的疗效。

王嘉麟带着高徒荣文舟一起治疗慢性结肠炎 72 例，均取得临床症状消失的预期疗效。为了探索治疗慢性结肠炎的路数，荣文舟还查阅了大量中医文献资料，整理出 10 余种慢性结肠炎的辨证分型。王嘉麟看到后，点头称许并概括曰："辨证即是对繁杂的症状群分析综合，找出共性，由博返约，方可执简而驭繁。"他指出，湿热、脾虚、阳虚是其中最有概括性的三个辨证分型：湿热型相当于慢性结肠炎急性发作期，脾虚型相当于慢性结肠炎缓解期，阳虚型相当于慢性结肠炎的迁延期。

对慢性结肠炎分型施治：

湿热型患者每日腹泻 10～20 次，黏液血便，里急后重，腹部绞痛，痛则腹泻，伴发热、倦怠、纳呆，舌苔白腻或黄腻，脉弦细数。证属大肠湿热，脾虚肝旺，治以清热利湿，健脾和肝。

脾虚型患者每日腹泻 3～5 次，便稀伴黏液，食欲不振，呕吐腹胀，消瘦乏力，少腹隐痛，舌苔薄白质淡，脉沉细无力。证属脾阳不振，湿邪未清，治以温补脾阳，和胃燥湿。

阳虚型患者每日腹泻 3～5 次，稀便或完谷不化，偶有黏液，因病程迁延日久，少食神疲，腰酸腹痛，恶寒喜暖，五更泄泻，舌苔薄白质淡，脉沉。证属脾肾阳虚，大肠虚寒，治以温补脾肾，固肠止泻。

王嘉麟根据辨证分型辨证选药，根据病情的不同随症加减，不拘一方。湿热型选药为：白头翁汤、槐花散、葛根芩连汤，方外药常加防风、当归、白芍以散风和肝。脾虚型选药为：参苓白术散加减，方外药常加炒苍术、炮姜、薏苡仁等，加强温脾利湿之功。阳虚型选药为：四神丸、真人养脏汤、芍药甘草汤，方外药常加伏龙肝、炮附子等，以固肠温肾。慢性泄泻病程长，治愈亦需时日，王嘉麟经常鼓励患者坚持服药，耐心配合治疗，树立治愈的信心。

1997 年，有位 61 岁赵姓女患者求医。患者腹痛、腹泻间歇发作已 3 年，近一个月腹泻加重，每日腹泻五六次，便中伴大量黏液，偶见脓血，痛则腹泻，排便黏滞不爽，伴腰酸腹痛，恶寒喜暖，少食乏力。患者消瘦，舌质淡苔白，脉沉迟无力。纤维结肠镜检查：横结肠下黏膜充血水肿，有散在出血点，降结肠黏膜充血水肿，直肠黏膜广泛糜烂，覆盖黏液。王嘉麟诊断为脾肾阳虚的溃疡性结肠炎，治以温补脾肾、固阳止泻。王嘉麟制定的施治方案为内治口服药以调整机体阴阳扶正，兼外用中药保留灌肠以促进局部结肠黏膜水肿减轻。根据患者的具体情况，施以口服真人养脏汤和白头翁汤方，并嘱患者禁食生冷辛辣。真人养脏汤方中的党参、炒二术、肉桂、吴茱萸、补骨脂用于健脾益气，温肾助阳，固本止泻；川黄连、木香行大肠滞气而止泻。因患者腹泻较重，下痢脓血故加白头翁、秦皮、川黄连（即白头翁汤）以清热解毒，凉血止痢。又因降结肠黏膜充血水肿，直肠黏膜广泛糜烂，每日需用三黄散保留灌肠。三黄散中加白及以敛疮止血，加五味子以利湿敛疮。服药后腹痛、腹泻明显减轻，每日腹泻降为三四次，便中伴少量黏液，无脓血，腹痛为泻前痛泻后缓，少腹隐痛恶寒喜暖，食欲增加，乏力减轻，仍舌质淡苔白，但脉转沉细。王嘉麟又以真人养脏汤和白头翁汤 21 剂，并加焦槟榔增大消积导滞行气止痢的功效，继续保留灌肠。服药后再次复诊，患者诸症减轻，腹痛转为隐痛，晨起腹泻两三次，仍有少量黏液，无脓血，舌质淡苔白，脉沉细。王嘉麟又以前方 14 剂，为巩固疗效改口服中成药参苓白术散和固本益肠丸，连服 3 个月。服药后肠镜检查，溃疡愈合，慢性泄泻治愈。一年后随访，告知停药后无复发。

慢性结肠炎的治疗采用健脾补肾、固本止泻乃为医家熟知之法，王嘉麟强调唯其中的涩肠（止泻）药品使用次序需审时度势而用，有些患者不宜过早使用。如虚寒之慢性泄泻，不可开始即用收涩之药，因其脾肾之阳未振，过早使用涩肠药，泄泻虽可暂止，但可使寒湿留滞于内，他称之为犹如“闭门留寇之害”，腹痛反而加重，腹泻会久治缠绵不愈。对于这类患者，王嘉麟的经验是，应先予以温补之剂调理，脾肾之阳渐振，大便溏泻虽减未止，再佐以涩肠药品，才使泻止，而正气存，病体得以恢复。而对于脾肾阳气大虚而成滑脱之象者则不同，因久泻伤人，使本已亏虚的患者不能得水谷之精微的滋养，体虚亦甚，正气难复，抗病无力，久病不起，要及时用涩肠药品固涩止泻。可见把握涩肠药品的使用时机是治愈慢性结肠炎不可忽视的重要一环。

王嘉麟在固涩止泻药的使用上是有选择的。腹泻次数多、伴肛门坠胀者用诃子，泻下带血者用赤石脂，腹泻腹痛者用肉果，泻下伴脱肛者用五倍子、石榴皮。在使用化滞克削之药后，他仔细观察病人症状，随症开方。患者便中无脓血及黏液，舌苔不厚腻时，方可用诃子肉、乌梅、肉豆蔻、石榴皮、五倍子、莲子肉、赤石脂等涩肠药。其中以诃子肉、肉豆蔻、莲子肉使用较多。诃子肉水煎剂据现代研究发现有较强的抑菌作用，所含鞣质对肠炎形成的黏膜溃疡有收敛作用，还能缓解平滑肌痉挛；莲子既能补益又有收敛之功，素有“脾果”之称；而乌梅、石榴皮都有明显的抑菌作用。

在慢性结肠炎的治疗上，王嘉麟不仅坚持辨证论治、整体治疗的原则，而且注重对局部直肠、结肠黏膜病理改变的治疗。溃疡性结肠炎的好发部位为直肠、乙状结肠，临床上90%左右的患者为直肠部位发病。肠镜下可见肠黏膜多呈充血、水肿、糜烂、溃疡。溃疡性结肠炎病程长、易复发，王嘉麟认为，“病久不愈，多责之疮毒”。慢性腹泻为大肠湿热蕴久，形成疮毒所致，因此治疗时，王嘉麟除了开内服中药外，还采用局部灌肠辅助治疗的方法，使药物直达疮毒病灶。他精心选用清热燥湿解毒疗疮的三黄粉灌肠。三黄粉剂源自《金匮要略》

的泻心汤，外用可“治恶疮三十年不愈者”。王嘉麟凭借多年的临床经验加之对古方剂的透彻理解，创造性地选用了这一方药用作灌肠剂，即大黄、黄芩、黄连作为基本方。大黄，现代研究有抗菌作用，可止血，能清火消肿、凉血解毒，又含有大黄鞣酸，可收敛。黄芩，可抗炎抗变态反应，还有缓解肠管痉挛的作用。黄连，有较强的抑菌作用，还可解热镇痛。用三黄煎水灌肠，药液可直接渗透、扩散在大肠里，或用喷敷法在直肠镜下将三黄药粉直接喷或敷布于溃疡面。王嘉麟解释，这两种方法可使中药的有效成分直接作用于直肠里的溃疡处，使黏膜非特异性炎症得到控制，还可避免某些药物对胃的刺激。局部直接用药使许多慢性结肠炎患者临床症状常常很快改善。内服中药以调节整体免疫功能，保留灌肠等局部用药直接作用局部病灶，达到促进炎症吸收，保护肠黏膜，使溃疡愈合的目的。王嘉麟的内服配合灌肠等局部直接用药法，大大提高了慢性结肠炎的治愈率。

1999年，王嘉麟根据临床症状诊断一位60岁王姓女患者为肝郁脾虚型溃疡性结肠炎。患者腹泻3个月，每日腹泻六七次，多为水样便，伴少许肠黏膜样物，左下腹疼痛，不思饮食，自觉乏力，情绪焦虑，睡眠差，近3个月体重减轻6公斤。患者曾到其他医院应用直肠滴注“结炎康”液治疗腹泻，但效果不显。查舌苔白腻，脉弦细。结肠镜检查：横结肠及降结肠有散在点状斑片状色红充血，乙状结肠及直肠黏膜明显充血水肿，并有散在点状糜烂，顶部覆脓白苔似火山口状。

鉴于患者发病急、病情重，又因明确诊断后，曾应用“结炎康”灌肠疗效甚微，思想负担加重，情绪焦虑，睡眠差，拒怕饮食。王嘉麟为她量身制定以疏肝解郁健脾利湿为主导的治疗方案，施以口服药与保留灌肠并用的方法。

口服药方用柴芍四君子汤为主，用柴胡、白芍柔肝解郁，党参、茯苓、白术、甘草四君子益气健脾；因肝气郁滞，湿侵中焦，少食纳呆，水样泻，苔白腻，加黄芪、升麻、葛根、木香、白扁豆以益气升阳，行气化郁，温中止泻。同时每日晚用三黄散保留灌肠。为解除思想负担，鼓励病人树立战胜疾病的信心，王嘉麟耐心安慰患者，循循善诱引导患者生活起居要有规律，饮食禁生冷硬食，调整睡眠，坚持自我保健气功锻炼。正值节日期间，与家人团聚，心情有所好转，并坚持每日内服药并灌肠。用药后患者自觉周身舒服许多，大便成形不再是水样，每日一次。饮食较前增加，只是时有左下腹隐痛，灌肠后腹部不适，见腹胀肠鸣等症状。第一次复诊，王嘉麟调整了内服中药，加槟榔以消食化滞、行气消胀，减轻腹胀肠鸣，加川黄连配木香辛开苦降行大肠滞气而止泻，加山药、白扁豆、莲子肉健脾利湿温中收涩。考虑患者灌肠后有腹胀不适感，王嘉麟减少了中药灌肠的剂量，并嘱减缓灌肠速度。用药后患者全身症状减轻，大便每日一次，成形软便，无黏液脓血。从而患者情绪明显好转，心情愉悦开朗。第二次复诊，王嘉麟根据患者舌淡苔薄白，脉细，仍有左下腹疼痛、恶寒等症状，辨证为脾胃虚弱，运化失常，改用参苓白术散为主加温中健脾的山药、小茴香、炮姜炭等药物。继服14剂后，患者临床症状基本消失。

从中医特色治疗出发，王嘉麟还十分强调食疗在慢性泄泻治疗中的作用。中药中许多品种本身即是食物。药可服，然不可终日服；食则必须日日进，不可一日不进。泄泻一病与饮食有着密切联系，饮食的情况直接影响疾病的变化。饮食不慎会加重病情，注意饮食，精心调配使病患易愈或变轻。王嘉麟经常向患者推荐食疗品：薏苡仁健脾利湿，莲子健脾止泻，山药补脾止泻，这三种食疗品为粮食类，可煮粥长期食用；冬瓜清热利湿益气，扁豆补脾化湿解毒，冬瓜、扁豆和山药又为蔬菜，亦可四季常吃。他鼓励患者长期坚持食用，定会收到一定的治疗作用。

有些肛肠疾病需内外治法相结合才能根治，肛瘘便是其一。凡久瘘体衰年老体弱者和瘘管内闭、湿毒内蕴者，均需先予以适当的内治，补气养血扶正，再施以手术外治。内治法不能根治肛瘘，但可为外治法的施用创造有利条件；内外治法相结合，运用得当，相辅相成，可彻底祛病除根。

1982 年，王嘉麟接诊了一位赵姓解放军战士。年仅 26 岁的战士却面黄无光泽、两颊深陷、声音微弱，一副弱不禁风的样子。他是因在战地久居潮湿坑道，患上复杂肛瘘。病灶时敛时溃，疮口常有脓血流出，在其他医院治疗了 5 年，用各种抗生素输液治疗仍不见好转，反而全身状况愈来愈差，无食欲，午后低烧，极度虚弱，走几步路便气短乏力冒虚汗。

复杂肛瘘的根治法是施以肛瘘近端切开挂线及深部脓肿扩口引流的外科手术。但王嘉麟并没有简单地头痛医头脚痛医脚，直接为那位战士施用外治手术。他通过整体辨证辨病的诊断，认为患者病程长，气血耗伤，正气不足，极度虚弱，每日发低烧，已承受不起祛病邪的根治手术，施治的原则是先扶正后祛邪。根据患者的具体病情，王嘉麟制订了周密的治疗方案，采用内治补法先行。他先为患者施以补气养血的口服药八珍汤和托里消毒散，增强患者体质；并施以外用药祛毒汤熏洗坐浴和化毒散膏外敷患处。3 个月后，患者全身状况明显转好，不再发低烧，这时王嘉麟才为战士施以肛瘘根治手术。术后口服十全大补汤，补气血，促生肌，疮疡收敛。经王嘉麟的数月治疗，被肛瘘折磨了 5 年的患者终于康复出院。10 年后赵姓战士来医院道谢，报已结婚生子的喜讯并告肛瘘病从未复发。

王嘉麟还善用多种中药外用，按不同的肛肠疾病特点，疾病的不同阶段和类型对症施药：针对痔瘘炎性水肿、脓肿期外用祛毒汤、化毒散软膏和芙蓉膏，针对痔瘘血肿、疼痛、出血、脱垂等外用痔科浴液、定痛膏、止血粉、提肛散，肛肠术后初期敷以生皮硝、九华膏、提毒散和中医医院研制的红纱条，术后创面修复期敷以甘乳纱条、烧伤一号纱条、生肌散、珍珠散和乌梅粉，治疗肛门皮肤瘙痒症涂以马齿苋煎剂、黄连膏、普连膏和松花粉等。

救疾之道，唯在于药。治疗肛肠疾患的内服与外用中药方剂有着悠久的历史，王嘉麟本着继承古方、勇于创新的原则，在多年的临床实践中，将古方剂中有效的成分，不断地辨证加减和改进，形成了他一系列独特的有效方剂。其高徒荣文舟也已是肛肠病的专家了，他称老师的方剂是“结构严谨，疗效颇神的妙方”。

中医外治有奇效

全国著名老中医关幼波说："既懂大方脉，又懂痔瘘疾者，王嘉麟算一位。"王嘉麟不仅形成了自己独到的肛肠外病内治疗法，还具有高超而独特的中医外科技艺。他动手麻利，胆大心细，稳健灵活，手到病除。

20 世纪 50 年代之前，中医外科沿用古方枯痔散，外用治疗痔疮。这一古方里有一味剧毒药砒霜，制作工艺中要先将砒霜入小罐内，用炭火煅红，干烧至起白烟，再把砒霜净末取出加入其他几味药中共研成细末，用时把药末用蜂蜜调成稠糊状，外敷在痔疮上。当时有位援助中国建设的前苏联专家，60 多岁，患环状混合痔，排便时内痔脱出，长期便血而致贫血。西医根治的办法是只有痔疮环切手术，但是患者贫血，手术指征不合，最后就诊中医。王嘉麟用调好的枯痔散，一日两次涂在患处。几天后患者的痔核变黑干枯，最后脱落而痊愈。这例成功的案例在当时引起不小的轰动，使中医声名鹊起，越来越多的肛肠疾病患者选择用中药治疗。

砒霜的化学名为三氧化二砷（As_2O_3），毒性很强，外敷枯痔散治痔疾，患者要冒着砒霜中毒的危险。20 世纪 50 年代，北京有家医院用古方枯痔散配以熬制成浆的江米，手工搓制成两头尖，从中一切两半的枯痔钉，晾干后靠枯痔钉硬度，扎进痔核治疗内痔。曾有一患者用药后，大量便血，继而发热、腹痛、昏迷，直至死亡。尸检鉴定为患者对砷高度过敏，死于砷（砒霜）中毒。也有传闻，在制作工艺中把砒霜煅烧至冒烟时，有人中毒。

得知这些情况，王嘉麟和他的同事们受到很大震动，他们下决心一定要研制出能治病且无毒的枯痔药。于是开始着手研究古方枯痔散中的每一味药物，寻找除了砒霜以外的枯痔药。他们一次次的实验，一次次的试用，最终发现明矾有枯痔祛腐作用而又无毒。

王嘉麟开始着手配制新的无毒药方，用明矾与甘油混合制成枯痔油。最初甘油中明矾浓度为25%，临床使用枯痔效果很明显，上午用药，下午痔疮就黑了，10天内痔疮就脱落了。但是又有了新的问题，有些患者痔疮脱落时会引起大出血。经仔细临床观察，王嘉麟发现是甘油里明矾浓度过高，硬化痔核组织的同时伤及血管壁所致。于是又试着逐渐减少明矾含量，不断寻找最合适的明矾浓度，既能枯痔又不致引起大出血。经过反复试验，最后确定用15%的明矾甘油液枯痔，既能达到让痔疮硬化，形成纤维瘢痕，萎缩而不脱落，又可避免因痔核脱落而引起大出血的副作用。

枯痔的新药剂研制出来了，王嘉麟和他的同事们没有沉浸在成功的喜悦中而止步不前，又接着开始改革传统治疗痔疮的方法。古方治痔疮是用枯痔散外敷，或枯痔钉扎入痔核。传统治疗方法令病人很痛苦，需要趴着卧床多日。1957 年，王嘉麟在全国首创明矾甘油枯痔液注射法，把中药制剂明矾甘油枯痔液注射到患处。明矾甘油注射疗法，对各期内痔、外痔、混合痔等均有显著疗效，是一种痛苦小、疗效快、疗程短、并发症少、复发率低的疗法。这是中西医结合、西法中用的成果。荣文舟评价老师探索出的新中药制剂——明矾甘油注射液和新疗法——枯痔注射法“对于肛肠界来说，无疑是一场革命”。在王嘉麟创造性革新的带动下，全国各地相继研制出多种枯痔注射液。1977 年中医研究院（现中国中医科学院）的著名肛肠科专家史兆岐教授在明矾甘油注射液的基础上，进一步降低甘油中明矾的浓度至6%，并配伍三氯叔丁醇等成分，制成新枯痔用药——消痔灵。如今消痔灵已成为临床治疗肛肠疾患的必备常用药。

注射消痔灵枯痔，是介于用药保守治疗和手术根治两者之间的一种疗法，是一种相对安全有效的疗法。尤其是在治疗老年体弱并伴有心血管等疾病的痔疮患者时，王嘉麟多采用注射消痔灵枯痔疗法。

曾有位85岁高龄的郭姓男患者，由家人用车推来就医。患者患痔疾多年，每日排便、蹲位、走路，甚至咳嗽痔核都会脱出，不能自行还纳。就诊前三日便血，色鲜红，量多呈喷射状，面色煞白，心慌，气短，乏力，自汗，血红蛋白8.6g/dl，低于正常值，心电图不正常，患者尚有冠心病和前列腺肥大，生命几近垂危。王嘉麟为他做了肛门局部检查，见有3个枣大小的肿物脱出，诊断为混合痔，内痔出血。考虑到患者年老体弱多病，出于慎重起见，对患者施以分批注射消痔灵的疗法。又因患者痔疮大量便血造成失血性贫血，心慌气短，遵循中医急则治其标的原则，当务之急是及时止血保命。初诊当天经肛镜在出血内痔黏膜下注入约3ml的2∶1消痔灵（2份麻药，1份消痔灵）。隔日复诊，便血已止，但便后痔核仍有脱出，即以同样配比在另一脱出内痔黏膜下注入约5ml消痔灵。一周后第三次就诊，还是以同样配比在第三个内痔黏膜下注入约8ml消痔灵。之后，患者痔疮不再脱出，血红蛋白逐渐恢复至正常。考虑到一些重病缠身老年患者的承受能力差，王嘉麟在临床中采取低浓度消痔灵分次注射法止血枯痔，尽量减少他们在治疗过程中剧烈疼痛的刺激，以免引发心脑血管疾病，保证施治既安全又有效。

如今枯痔注射法不仅用于治疗痔疮，也扩大到治疗直肠前突、直肠脱垂、直肠套叠、直肠内脱垂、痔术后大出血等多病种。注射法也由黏膜下注射法发展到四步注射法、压扎注射法、结扎注射法等。

在诸多便秘症状中，王嘉麟注意到经产妇易患直肠前突便秘。原因是经产妇在怀孕时胎儿对直肠的压迫和在分娩时的用力挤压，造成产后与阴道一壁之隔的直肠黏膜松弛前突，即直肠黏膜呈袋状向阴道方向突出。当排便时，无论大便干燥或不干燥都显困难，总有排便不尽感。因为有部分粪便被羁留在呈袋状的前突直肠内，不能排空，患者自觉腹部下坠，便意频繁，重症者需用手压在小腹部或用手指伸入阴道助压后壁方能排便。

为了解除患者的痛苦，20 世纪 80 年代，王嘉麟抱病参加沈阳国际肛肠学术交流大会时，受到启发，凭借多年的临床实践，率先探索出使用消痔灵注射法治疗直肠前突造成的顽固性便秘。他创造的疗法是把消痔灵注射到直肠前壁黏膜，消痔灵的硬化作用使松弛的直肠阴道膈粘连萎缩，形成一无菌性瘢痕，解除了患者排便时受阻于直肠前突的痛苦。在介绍这一疗法时，王嘉麟特别提示：这个部位的器官生理结构女性与男性不一样，女性直肠与阴道间只有很薄的黏膜相隔，男性直肠不会前突，因为直肠前有前列腺阻挡，在直肠前壁部位注射枯痔灵一定要用低浓度的，注射时要非常小心，不能打在黏膜下，否则会造成直肠黏膜壁和阴道黏膜一同坏死，粪便从阴道漏出。

1997 年 12 月，有位 53 岁吴姓女患者，专程从山东青岛到北京来治病。她被便秘折磨已有 23 年，症状愈来愈重，甚至稀便亦难排出，每次排便除需口服泻药，外用“开塞露”灌肠外，排便时还需用手挤压会阴处方可排出。患者异常痛苦，精神负担重，以致失眠，纳差，乏力，双下肢浮肿。

王嘉麟为她做了检查，舌质暗，苔白腻，

脉沉细，为脾肾两虚；肛门镜下可看到直肠前壁黏膜松弛，堆积于肠腔内。这是一例典型的出口梗阻性便秘的病例。依整体治疗的原则，该患者需先扶正后祛邪。王嘉麟第一周为患者开具的是口服健脾补肾的扶正汤药。一周后，患者睡眠明显好转，双下肢肿减轻，但排便依然困难。复诊当天，在肛门镜的辅助下，王嘉麟给她直肠前壁黏膜注射了低浓度的消痔灵。第二天患者排便较前明显通畅，是近 10 年不曾有过的。三诊时，通过肛门镜可看到直肠前壁松弛的黏膜已萎缩、硬结并无坏死。王嘉麟又给她的内痔注射了消痔灵。四诊时，通过肛门镜看到直肠前壁黏膜及内痔黏膜萎缩硬结，无压痛、无出血。解除了病痛，患者非常高兴，结束治疗返回青岛。半年后，她来信告知病愈后未复发。

王嘉麟的探索，不仅为因直肠前突而引起便秘的患者带来福音，也为脱肛患者带来福音。

脱肛即直肠脱垂，多由于气虚下陷，谷道失于统束而致。引起中气虚陷原因有：小儿先天不足、年老体弱、久病气阴不足，以及久泻久痢、久咳伤肺、经产失调，临床不少患者是幼年脱肛失治，随着年龄增长，脱出由小渐大，肛门括约肌也因之松弛。

王嘉麟于 1997 年 10 月至 1998 年 4 月用消痔灵注射法治疗了 3 例重度脱肛（直肠黏膜脱垂合并肛门松弛）。其中男性患者 1 例，女性 2 例，3 例患者直肠黏膜脱垂均达 10cm 以上，肛门闭锁不全，可容纳三横指。

治疗时要使直肠黏膜尽可能脱出，以 2∶1 消痔灵注射液，分别于肛门的不同点，自近端至远端，于直肠黏膜下行柱状注射，每点各注射药液 10ml，然后将脱出直肠黏膜还纳于肛门内。3 例患者术后两年随访，直肠黏膜未再脱出，且排便正常，无肛门失禁。

临床中小儿因直肠黏膜脱垂前来就诊者多

在 1～3 岁之间，一般此类患儿均比较瘦弱，发育较差，面色萎黄，头发稀疏少光泽，询问家长，多数出生时体重较轻，出生后饮食量少，食欲不振，而且性情急躁，易哭闹。查体肌肉较松，做排便动作后见肛内肿物脱出，一般长 2～3cm，用力回缩肛门，肿物可自行还纳。

王嘉麟治疗小儿直肠黏膜脱出，亦是采用消痔灵注射疗法，他在实践中总结出两种治疗小儿直肠黏膜脱出的常用方法：一是肛内注射法，二是肛外注射法。肛内注射法，是在肛门镜下，充分暴露直肠黏膜，清洁消毒后，分别于肛内不同点直肠黏膜下各注射 5～6ml 消痔灵 1∶2 液。肛外注射法：是用五号长针在距肛门横向 10cm 处的两点进针，左食指戴指套于肛内肠腔内引导针头至齿线上 2～3cm 直肠黏膜下间隙处，边注射边退针，柱状注射，每点约 6～7ml，止于齿线水平位。注射后患儿需口服赛金化毒散以清热解毒防感染，肛内每日敷痔疮栓以局部消炎。

王嘉麟采用消痔灵注射疗法治疗小儿直肠黏膜脱出，方法简便、安全、无痛苦，广为患儿家长接受。据临床观察，有效率100%，许多患儿家长慕名带患儿来投医。每每看到来求诊时发愁的家长，待孩子治愈后高兴地带着孩子离去，王嘉麟的喜悦之情常常溢于言表。

1972年，长沙马王堆汉墓中出土的文物令人震惊的不仅是一具保存了2100多年依然完好的女尸，还有一本帛书《五十二病方》，书中记载了52种疾病，其中有对牡痔（痔疮）的描述和关于痔的烧灼、剥离术、切割术、结扎术："牡痔居窍旁，大者如枣，小者如枣核……系以小绳，剖以刀。"可见，治疗痔疮的结扎术是2000多年前就有记载的古法，王嘉麟在自己的多年临床实践中，认真传承古老结扎术的精髓，并赋予古法许多独创的新内涵和新技术。

王嘉麟根据痔疾的不同症状，把结扎术分

类为：适用于反复脱出的内痔或长在肛门外单纯赘皮外痔的单纯结扎法；专治各种混合痔的外剥内扎法；专治外痔的平剥平扎法；适用于单纯外痔或混合痔的浅剥浅扎法。根据痔核大小，选择用一根或两根线进行结扎。为减轻做结扎术时和结扎术后病人的疼痛，王嘉麟总结出三项注意事项：一要注意局部麻醉务要切实有效。局麻采用长效麻醉药物，用量根据痔核的大小、多少而定。麻醉时，用注射器把长效麻醉药液注入到肛管直肠环和痔核体内及痔核的基底部，注射时不断移动针头方位，使药液不会过度集中，形成扇面分布。注射完毕在肛门处还要进行短时间按摩，使麻药散布更加均匀，这样方可减少施结扎术的疼痛和术后痉挛疼痛。二要注意扎紧扎牢及保留组织皮下不留有曲张静脉，以免术后组织水肿引起剧痛。三要注意对惧怕疼痛者或年老多病者采取分期分批结扎术，不可一次结扎多个痔核，以免承受不了。

1998年，一位曾做了直肠癌切除术的女患者找到王嘉麟。这位张姓患者67岁，患肛肠疾病10年有余，因为工作忙，未予重视，忽略早期就医治疗，直至发现患了直肠癌，才去肿瘤医院行直肠癌切除术。术后一个月来，大便次数增多，外痔水肿，疼痛加剧，故前来北京中医医院肛肠科住院治疗。入院时，患者面色萎黄、精神倦怠、气短、乏力、食欲不振，每日腹泻五六次；查血色素、白细胞、血浆白蛋白均低。王嘉麟的诊断是直肠癌术后合并炎性外痔。鉴于患者刚行完大型手术，其间还经过放化疗，元气大伤，气阴两亏，气血凝聚，免疫功能低下，痔核水肿很难在短期内消退。王嘉麟制定了积极的治疗方案，即不按常规待水肿消退后做手术，而是尽早做手术，解除患者病痛。住院3天后，在局麻下，王嘉麟给患者施以外痔剥离结扎术，沿外痔外缘浅行剥离后，用丝线从痔根部结扎，创面填止血粉棉球，用纱布包扎。术后第二天，结扎的痔核完全坏死，患者肛门疼痛明显减轻，能下地行走。术后第七天，结扎的痔核完全脱落，于肛缘处露出新鲜创面。术后24天，肛门新创面愈合，肛门指诊收缩正常。患者面色转润，行走自如，复查血色素、白细胞、血浆白蛋白均达正常值。痊愈出院后，患者生活工作恢复原状，随访两年，病未再复发。

用传统的结扎法结扎多组痔核时，容易出现肛门狭窄的问题。正常肛门的皮肤是皱褶皮肤，有伸缩功能，大便粗一点也能排出。如果狭窄了，伸缩功能变弱，排便就会出问题。在一个水平面上结扎多组痔核，容易形成一个环状瘢痕，造成肛门瘢痕性的挛缩和狭窄，给患者留下排便困难的后遗症。20世纪50年代，王嘉麟为尽快解除患者痔疾病痛，一次结扎了多个痔疮，没有注意尽量多地保留肛门原有的健康皮肤，术后患者发生肛门狭窄排便困难，不得已又做了肛门修复术。汲取失败的教训，王嘉麟提出结扎多组痔核不能在一个平面上，而要使结扎点高低交错形成梯形，这样无形中展宽了结扎点间的距离，同时最大限度地保留了褶皱的有伸缩功能的肛门健康皮肤。为避免结扎后肛门渗液性失禁问题，他还要求在结扎过程中结扎痔黏膜不要过深、过高或结扎面过大。过深则损伤括约肌；过高则损伤黏膜下肌肉；过大则疤痕大，这些都是造成渗液性肛门失禁的原因。

王嘉麟曾为一位朝姓 20 岁女患者做痔核外剥内扎术。这位年轻患者平日大便干燥，有排便久蹲强努的不良习惯。三年多来便后肛门常有肿物脱出，不能自行还纳并伴便鲜血。王嘉麟诊断为肛周环状混合痔，需要在肛门前后位大面积剥离结扎。王嘉麟在为她做结扎术时，尽量多地保留正常肛门皮肤，同时切断部分内括约肌，防止肛门术后变狭窄。

中医认为，肛门内外生疮，初期成瘤，不破为痔，较易治。破溃而出脓血，黄水浸淫，淋漓不止为瘘，较难治。临床常见患痔的病人继而又患瘘。患痔者筋络瘀阻，一旦蕴湿化热下注肛门，易染毒邪，初发为肛窦炎，如不愈则发展为肛痈（肛旁脓肿），肛痈不愈则发展成肛瘘。这三个不同发展阶段的肛肠疾病有前因后果的关系。患了肛窦炎早治早愈，就能防肛痈肛瘘于未然。肛窦炎是肛痈肛瘘的初期阶段，患者有肛门坠胀感，肛肠镜下可见肛窦红肿出血，有脓血状分泌物。传统中医治疗肛窦炎是口服清热解毒、活血化瘀药，配合每天外敷祛毒药膏。王嘉麟探索出新法，用低浓度消痔灵，注射到发炎的肛窦处，使肛窦局部组织粘连，肛腺纤维化，从而起到消炎消肿的作用，进而使患者的肿胀感消失。

治疗肛痈肛瘘没有这么简单，患者要受手

术之苦。肛窦炎失治不愈，肉腐成脓，化为肛痈。为防止脓肿旁窜化为肛瘘，要及时施以切开引流术，同时口服外敷具有“脓未成可促消，脓已成可促溃”的化毒药剂。治疗肛瘘更为复杂。大多数低位肛瘘通过切开或切除就可以达到根治的目的，同时肛门功能不会受损。但高位复杂性肛瘘的治疗比较棘手，单纯的瘘管切开会损伤括约肌引起肛门失禁，最传统最简便最有效的治疗方法就是挂线。

古代治疗肛瘘的坠钱法，是挂线法的前身。坠钱法是用药线穿过瘘管再穿上几个铜钱，药线把瘘管中的脓水引流出来，并靠铜钱向下坠的重力缓慢切开瘘管，经过一段时日边引流边切割边长新肉，肛瘘逐渐愈合。由于坠钱法给患者带来诸多不便，铜钱挂在患处，碍事且不雅观，后来改用丝线穿过瘘管，把两个线头系紧打一活结，随时可作调整勒紧丝线。如今挂线更加便捷，有专门的挂线器械，挂线操作简单，穿过瘘管用的线有丝线、橡皮筋及草药线（药捻）。过去用挂线法治疗肛瘘需要一两个月的时间，而现代挂线治疗才不到 10 天，大大缩短了疗程。挂线可达到短期和长期引流的治疗目的，也可以逐步紧线以达到缓慢切割括约肌的目的。而药线的作用主要是化腐生肌促进肛瘘的愈合。

传统的肛瘘切开挂线术存在术后疼痛较重的问题，为了减轻患者术后的疼痛，王嘉麟首创肛肠手术用亚甲蓝长效麻醉剂止痛。王嘉麟归纳出挂线手法要领：“麻醉须到位、勒线勿过紧、切开宜充分。”照此施治，则患者挂线术后疼痛明显减轻。

王嘉麟曾诊治过一位患复杂性肛瘘（串臀瘘）的刘姓男患者。患者已 60 岁，是因发病失治迁延所致。望其身形瘦弱，面色萎黄；闻其声低弱，身带粪臭；切其脉沉细，舌红苔白腻。肛门局部检查，取截石位，肛周密布绿豆至黄豆大小疮口约五六十个。距肛门最远者前方达腹股沟，后方达腰部，下方达委中穴，左右达臀外侧。最近的疮口距肛门仅有 3cm。部分疮口闭合呈疤痕状，部分疮口结痂呈炎性肥厚隆起，其余疮口开放，轻压疮周即有黄色脓液溢出。

王嘉麟于门诊为患者做了肛瘘近端切开挂线术。先行肛周及肛管常规消毒，局麻生效后，以球头银质软探针自 7 点距肛口 3cm 之外口纳入，沿瘘管探查内口，查得内口位于齿线部 6 点，自内口引出探针，切开内外口间皮肤，修剪疮口使呈 V 形，借助探针引导一无菌橡皮筋，将此线从内口经瘘管而在外口引出，适度拉紧皮筋以丝线结扎。以探针自内口再次探查确无分支内口。然后将肛周串臀瘘逐一探查，并无与肛内相通，遂将其余瘘管行扩口搔扒术，并在开放伤口处填红纱条起引流兼化腐生肌作用，仅行搔扒术而未开放瘘管内填入甲字提毒药捻。手术顺利，出血不多，患者当日自行回家，嘱当日不排便，居家每日用祛毒汤坐浴熏洗两次，隔日来门诊换药复查。经过10余天多次的检查换药，挂线已自行脱落，切口内腐肉已脱尽，继而改换一号纱条以生肌长肉，令其自行愈合。又经治疗40余天后，伤口痊愈，患者康复，追访10年从未复发。

1981年，王嘉麟接诊一从河北赶来求医、患复杂性肛瘘的13岁男患儿，张姓。因当地县医院施治不当，致使患儿肛痛未愈转为复杂性肛瘘。初期患儿肛门红肿疼痛，伴发热，先接受当地医院肌肉注射青链霉素治疗1个多月，肿痛未止反增，又接受切开引流排脓术，20余天后又行挂线术。脱线后肛门仍肿痛，伤口迟迟不愈合。该患儿肛脓肿面大且深。王嘉麟指出：脓肿自溃或切开引流后，无急性炎症3～6个月后，才可做垂直挂线治疗。当地医院为患儿切开引流仅20天即行挂线治疗，实属施治不当，挂线后亦未处理好旁枝侧道及囊腔的引流，故伤口久不愈合，加上患儿久病体弱，局部继发感染，因局部引流不畅，以至脓毒旁窜而成复杂性肛瘘。王嘉麟为患儿浅部及皮下瘘管行切开引流术，将瘘管中腐烂组织清除干净，填充止血生肌消炎纱条。术后第二天复查，患儿自诉不是很疼了。王嘉麟还发现患儿有一段盲瘘，并施以挂线治疗，7 天后脱线，伤口大部分愈合。

肛瘘多发生于直肠下端和肛门四周，肛瘘有外口和内口。内外口相沟通，称全瘘；一头通一头不通称为盲瘘。有的瘘管是肛门里有一个内口，向外面发展成几个瘘管；有的是肛门外面长一个瘘管向里面发展成几个支管；有的深部脓肿，未能及早诊治，脓毒旁窜，反复发作。“得了复杂肛瘘是很痛苦的”，王嘉麟如是说，“要根治，先要把瘘管内口找到，不解决内口，细菌在里面繁殖感染，周围组织化脓，像树根似的到处窜，使肛瘘更复杂”。

能成功地寻找到肛瘘原发内口和处理旁支分岔，是王嘉麟用挂线法成功治愈肛瘘的突出经验。他能巧妙地利用麻醉和挂线的松紧度来减轻挂线术引起的疼痛，同时还将挂线法用于治疗肛裂，取得了出血少，痛苦小，避免了术后疤痕大，易致渗液性肛门失禁的好疗效。

作为中国著名中医外科痔瘘专家，王嘉麟触类旁通，亦成为医治耳仓瘘专家。耳仓瘘又称“耳前瘘”，是常见病。其病变特征为小儿出生后耳朵的前方即有小孔，常发炎红肿，破溃后流脓水。病灶反复感染可使患者耳前留下永久性疤痕，影响容貌美观。耳前瘘是先天性疾患，胚胎时期第一鳃弓和第二鳃弓上的小丘在形成耳郭的过程中未能完全融合，留下上皮间隙而形成瘘管，呈盲管状。因瘘管内有毛囊、汗腺及皮脂腺，故常有白色皮脂物质排出，若引流不畅则可发生感染。瘘管由于外口狭小不易排出，故常反复继发感染，使管壁纤维组织增生，导致久患不愈。

王嘉麟从中医的观点进行分析，认为本病系先天不足，湿热上乘，气血凝聚，肉腐成脓所致。由于瘘管途径迂回，常有支管并存于附近皮下，故缠绵不愈。他以中医外科传统的扩口引流、化腐生肌的外治法为治疗原则，治疗方法分两步：第一步先局部常规麻醉，以细探针自耳轮脚的原发仓孔徐徐深入，至耳前疮口穿出，开放创面，便于引流，清除基底腐烂组织，找到支管一并处理。第二步使用提毒化坚、祛腐生新的中药制剂，使残留的管壁彻底脱净，同时注意有无残存支管道并及时开放引流（有的支管在敷中药后逐渐显露出来）。当腐肉脱尽、新生肉芽红活正常时，再改用生肌长肉、愈合创口的中药，使创面愈合。王氏耳仓瘘治疗法不同于西医手术，西医手术往往采用瘘管切除术，局部剔除后缝合，但是术中只要有少量毛囊、皮脂腺未剔除干净，即可复发。王嘉麟的方法是将其充分暴露，使其引流通畅，再配以中药化腐，将残余毛囊、皮脂腺及汗腺一并蚀除，使正常组织生长，故可达到治愈。虽然王氏法手术时创面较大，但愈合后一般仅留线性疤痕，女性长发可遮掩，男性鬓角毛发可掩盖，因而不影响外观。王氏耳仓瘘治疗法，据临床统计治愈率近100%。

古医书中有多种治疗肛肠术的记载，却少有用于痔瘘肛肠手术麻醉药的记载。1949年后出版的许多专著中，所述中医外科麻醉部分，都是采用西医经典的麻醉方法和药物。这些方法，麻醉维持时间很短，对于术后较长的治疗过程无法起到麻醉作用，病人痛苦很大，且术后疼痛、水肿、尿潴留等合并症的发生率较高。因此，找到一种合理、有效的长效麻醉方法和药物，延长麻醉时间，是一个重大的课题。

在王嘉麟的带领下，20世纪50年代，北

京中医医院痔瘘科曾配制出油溶普鲁卡因，但注射局部均有不同程度的硬结出现，且不易消散。1973 年，山西稷山县蔡村公社卫生院的任全保介绍亚甲蓝有使末梢神经可逆性麻醉的效用，他首次将亚甲蓝用于肛门手术的麻醉，研制成功了“亚甲蓝试剂”，大大减轻了术后疼痛，而水肿、尿潴留等并发症随之减少。亚甲蓝的止痛作用，在临床中被扩大应用，如在肛门周围皮下封闭治疗肛周顽固性湿疹、肛门瘙痒症，肛门周围局部封闭治疗肛裂肛门痉挛疼痛等。

亚甲蓝虽具有长效止痛作用，但也具有注射后引起局部短暂灼痛的副作用。为克服这一缺点，成都中医学院附属医院痔科研制出含有普鲁卡因和罂粟壳等中西药成分的“局部长效止痛液”。王嘉麟在“亚甲蓝试剂”和“局部长效止痛液”的基础上又加以改进，配制出“长效麻醉二号”，麻醉镇痛的作用能维持长达 10

天。经597例临床观察，有效率99.6%，未发现过敏及毒副作用，且注射部位无炙热、疼痛感。“长效麻醉二号”成了中医外科不可或缺的麻醉药物，为肛肠疾病患者带来了福音。

手术是治疗痔瘘及肛肠疾病不可缺少的重要手段，而手术创面生长的好坏、快慢、正常与否，则是手术成败的关键。王嘉麟说：“伤口创面像面镜子，能反映出机体的阴阳虚实、气血调和与否。”他通过观察创口的颜色，透过现象看本质，判断愈合状况及辨证用药。他总结出的规律是：创面色如“石棉红”，边缘现白色，肉芽正常红润鲜活而结实，说明气血调和、阴阳平衡，创面一般都能如期愈合，不易复发，一般不需要特殊药物治疗，局部上甘乳纱条、珍珠粉即可；创面色如“赭石红”，边缘灰白色，肉芽晦暗，红而不鲜，生长缓慢，说明瘀血阻络，血运不畅，用桃红四物汤加枳壳、延胡索内服，以活血化瘀、理气通络，局部上红粉纱条、提毒散，并每间隔1～2日搔刮刺激创面，以促血液循环通畅；创面色如“绛红”，伤口肉芽过于鲜红，水肿不实，伤口似乎生长较快，上皮粘连形成假愈合，说明气阴两虚、阴虚内热，常见于阴虚体质或久病伤阴，治以育阴清热、益气健中，佐以活血，方用党参、沙参、生黄芪、生地黄、金银花、连翘、赤白芍、当归、牡丹皮，虚甚者加西洋参，低热如蒸者加鳖甲、地骨皮，局部上红粉纱条、乌梅粉；创面色如“鸭蛋青”，伤口肉芽苍白，新肌生长不良，缺少血供，愈合迟缓，常见于体质虚弱或贫血患者，说明气血双亏，治以在培土固本养气补血的同时健脾养胃，以增强机体抵抗力，方用十全大补汤、八珍汤、补中益气汤、参苓白术丸类，局部上甘乳纱条、生肌散。

王嘉麟行医50余载，治愈患者数以万计。他的成就不是一蹴而就的。除了具有厚重的经典中医学功底、不因循守旧、善于在继承发扬中医传统的基础上大胆创新外，他的成就还有不可忽略的从失败教训中获得的启发和警示。因古方枯痔散中有带毒性的药物，会造成过敏患者中毒身亡；因急于解除患者病痛，一次结扎多个痔核，忽略了要尽量多地保留肛门健康皮肤而造成肛门狭窄；因忽略女性直肠与阴道仅一壁之隔，用浓度较高的消痔灵治疗直肠前突，造成阴道穿孔粪便从阴道排出……不管这些教训是源自他自己还是源自他人，他都终身引以为戒。行医治病要言求有据，行求有依，不可主观固执。作为医者，他不断地提醒同仁，外治外病没有细心的思考和周全的准备，不能贸然施行，让患者受无端的治疗伤害。正是这样，使他治疗肛肠疾病的外治术达到了炉火纯青、妙手回春的至高境界。

知足常乐仁者寿

两眼有神，透着和蔼亲切的王嘉麟，中等身材，一头鹤发。说起话来底气足，虽是老北京人，讲的却不是儿化音过重的老北京话，而是字正腔圆的地道北京普通话。这或许是职业习惯，要让患者遵医嘱，作为医者必须把话讲清楚，让患者听明白。每一位找他看病的患者，一看到他一脸慈祥真诚的微笑，心里就踏实许多，战胜疾病的信心就增多几分。王嘉麟深知，医者对病人的一句温暖话语、一个善意微笑，甚至一个关切的眼神，都会给病人带来莫大的安慰，起到缓解对疾病的恐惧和积极配合治疗的作用。他重视这些细微末节的小事，体现了以病人为本，替病人着想的精神。他常常像家中絮叨的老人，不厌其烦地反复嘱咐术后患者不要剧烈活动，不要贪凉久坐，不要饮食不节或不洁，要遵医嘱，有助于术后痊愈……

视病人的生命为第一重要，千方百计地解除病人的疾苦，挽救病人的生命，这是医德，是为医者的大仁大爱。王嘉麟作为全国名老中医实至名归，既有高超的医术，又有高尚的医德。怀仁爱之心，度众生之疾苦，他对每一个患者都认真负责，不厚此薄彼，坚持医者的职业操守。

30 多年前一个周末的夜晚，王嘉麟像往常一样，临睡前回顾一天经治情况，忽然想起一位肛瘘患者已 3 天未复诊了，虽说这位病人没有手术，只是插甲字提毒药捻换药观察，但患者没来医院，疗效如何不得而知。他赶紧起身查记录，发现患者是京郊农村的一位农民，很是不放心。他决定利用星期天休息上门走访这位病人。老伴劝他："兴许人家用药好了呢，所以没来复查。"可他没听劝，第二天一大早就骑上自行车，骑了四五十里地，赶到郊区患者家里。一看才知道患者用甲字提毒药捻过敏，引起药物性皮炎，周身起水疱，已卧床不起了。患者还以为是"药劲大，躺几天就会好呢"。为避免发生意外，王嘉麟赶紧送他住院。经过一段时间精心治疗，患者痊愈。出院时患者打趣地说："这回不但治好了病，还把我这成天和土坷垃打交道的皮肤变白净了，可得感谢王大夫。"回想起这个病例，幸亏王嘉麟亲自赶到患者家，否则后果不堪设想。为了一个患者，一丝不苟，认真到这种地步的医生，如不具备高尚医德，则难以为之。

作为一名自觉自律负责任的普通医者，他从没因为自己的事情而耽误门诊，他知道有许多患者需要他，在等着他；作为有建树的全国肛肠学科著名的老专家，他从不居功自傲，面对赞誉称颂总是认真地说："我个人是微不足道的，成绩是大家集思广益，共同研究一起做出来的。"

王嘉麟因积劳成疾，患有冠心病，在74岁时施行了心脏搭桥手术。然而出人意料的是术后身体恢复很快，两个月后已能坐在诊桌旁接诊看病。因为有家人的呵护照料，有"执子之手与子偕老"一直陪伴在他左右的老伴，有一群绕膝孝敬父母又继承了他豁达乐观心胸的儿女，他没有后顾之忧，当然恢复得快，尽享家庭和睦儿孙满堂的天伦之乐。退休后，王嘉麟并不想闲居在家里种花养鸟，他的最大愿望是多活几年，多给病人看几年病，多享受几年天伦之乐。

食养胜补，动则不衰，这是王嘉麟养生之道的重要两点。饮食是养护精、气、神的物质基础，是养生长寿的能源所在。"安身之本，必资于食，不知食疗者，不足以全生。"曾有一段时间他家住在海淀，每天要赶到东城上班，路上交通拥堵耗时，几乎没时间吃早饭。于是他想到了自制药粥的办法。他的药粥里除了各种杂粮，大米、小米、紫米、玉米、红豆、黄豆、绿豆、黑豆外，还有百合、银耳、山药、枸杞子、柏子仁、杏仁、何首乌、大枣、核桃仁、花生米。为了熬煮省时，他把一些药粥原料用小型粉碎机打成粉，或是前一晚预先用水泡发，早上起来放到搪瓷锅里熬煮，十几分钟就好了，出锅前再加鸡蛋和蜂蜜，口味营养更佳。

因为药粥中的原料多是药食同源之品，吃起来口感好，既能助肠胃消化吸收，又有极高的营养价值，他百吃不厌。为分享养生心得，王嘉麟主动把保健益寿药粥的原料和制作方法介绍给他人。

年轻时王嘉麟上中医进修学校，三年坚持每日骑自行车往返于诊所和学校间。到北京中医医院上班后，因临时住在海淀区，他就仍坚持骑车上班，直到五十知天命的年纪。适量运动是养生长寿的原动力。施行了心脏搭桥手术后，王嘉麟开始注意进行力所能及的保健运动。根据自己的年龄与体力，他选择了六字诀养生气功。即通过吹、呼、嘻、呵、嘘、呬六种吐气方法并配合肢体动作来调整呼吸。同时，选择了很适合自己的“金鸡独立”的站功，进行肢体锻炼。他能单腿直立，双臂上举，身不晃腿不抖，持续站三五分钟。每日晨起，王嘉麟推开窗户，对窗认真练习六字诀气功，通过吐字发声调整呼吸，达到吐出脏腑之毒，吸进天地清气之目的。他认为，呼吸气功的锻炼，对人体各方面生理机能都会有良性促进作用。闲时他会与老伴携手出游散步，从美术馆后街的家，步行至景山公园，再徒步返回家中。

都说流水不腐，户枢不蠹。量力的运动，有助于强体健身、益寿延年。王嘉麟的说法是，人老是自然规律，老了各种机能就会衰退，适当的运动能延缓衰老，但返老还童是不可能的。

许多人向他讨教养生之道。他说：心理平衡、知足常乐是养生保健的关键。很少有人幸免困境的坎坷磨难，王嘉麟的体会是，在磨难中锻炼出自己适应环境的能力，学会淡泊，顺其自然，坦荡豁达，便会自得其乐，助人为乐，知足常乐。“不以物喜，不以己悲”是他的座右铭。他没有抽烟喝酒的嗜好，也不齿那些贪恋肉林酒池，吃尽穿绝的人。他认为，那些人只会伤身折寿。有感恩之心才会知足常乐。王嘉麟感恩年轻时两位名家恩师的教诲，感恩中医医院成立初时给予他的优厚待遇和提供的临床实践机会，感恩同仁弟子们共同努力，推动了现代中医肛肠学科的发展。

王嘉麟是“养生不言迟，贵在坚持”的践行者。多年坚持食补调养与运动健身，使他受益匪浅。虽值耄耋之年，面色润泽，鬓毛不衰，耳聪目明，思维敏捷。他坚信：“只要我的手不哆嗦，没有中风，我就可以上班做手术。”如今他退而不休，依然每周两日去医院坐诊看病，传医带徒。作为全国老中医药专家学术经验继承工作指导老师，他桃李满天下。

唐代医学家孙思邈的养生大旨为：“养生有五难：名利不去为一难，喜怒不除为二难，声色不去为三难，滋味不绝为四难，神虑精散为五难。……五者无于胸中，则信顺日跻，道德日全，不祈善而有福，不求寿而自延。”脾气随和、笑容可掬的名老中医、肛肠科大家王嘉麟，像邻家的老大爷，虽年近米寿，却没有老态，依然尽己所能，发挥着光和热，在为病人服务中他收获了乐趣和满足。没有功利之心，知足常乐，仁者长寿，王嘉麟无疑是得孙思邈养生长寿大旨真传之人。

（撰稿人　蒋建春）

《中华中医昆仑》丛书 150 位医家名录

（按生年排序）

张锡纯	丁甘仁	萧龙友	王朴诚	恽铁樵
曹炳章	冉雪峰	谢　观	施今墨	汪逢春
孔伯华	黄竹斋	吴佩衡	蒲辅周	陈邦贤
李翰卿	李斯炽	姚国美	陆渊雷	张泽生
时逸人	张梦侬	叶橘泉	王聘贤	陈慎吾
邹云翔	赵炳南	承淡安	余无言	刘惠民
岳美中	沈仲圭	秦伯未	赵锡武	韦文贵
程门雪	黄文东	赵心波	董廷瑶	吴考槃
章次公	石筱山	陆南山	张赞臣	李聪甫
刘绍武	陈存仁	朱仁康	陆瘦燕	姜春华
韩百灵	高仲山	李克绍	王鹏飞	刘春圃
金寿山	哈荔田	何世英	周凤梧	干祖望
关幼波	王为兰	任应秋	罗元恺	祝谌予
杨医亚	郭士魁	何时希	耿鉴庭	俞慎初

裘沛然	顾伯华	江育仁	邓铁涛	门纯德
刘渡舟	尚天裕	朱良春	李玉奇	程士德
尚志钧	赵绍琴	董建华	米伯让	李辅仁
张珍玉	班秀文	颜正华	于己百	颜德馨
路志正	方药中	王乐匋	黄星垣	谢海洲
余桂清	何　任	王子瑜	程莘农	陈彤云
焦树德	张作舟	张　琪	李寿山	张镜人
王绵之	方和谦	印会河	王玉川	蔡小荪
李振华	马继兴	王嘉麟	宋祚民	刘弼臣
王雪苔	刘志明	吴咸中	李今庸	任继学
裴学义	王宝恩	周霭祥	贺普仁	唐由之
赵冠英	许润三	金世元	陆广莘	刘柏龄
徐景藩	吉良晨	吴定寰	沈自尹	王孝涛
张灿玾	周仲瑛	强巴赤列	张代钊	李经纬
郭维淮	柴松岩	苏荣扎布	陈可冀	李济仁
夏桂成	郭子光	巴黑·玉素甫	张学文	陈介甫